漫娱文化

警告： 在你打开这本书之前，你要确定和你一起的那个人是你毕生所爱。因为你们可能会对书中的各种无厘头的要求和玩法无语至极，也有可能会因为它感情递增，爱TA更深。当你开始按照书上的说明去完成创作，你会发现TA身上的种种优点，会和TA一起憧憬未来，到最后，你会发现这是一件多么幸福和有成就感的事，你们用时间和爱情为彼此书写了一本书，这会成为你们永远难忘的作品。

另外： 这本书献给全球每一位创意创造者。本书并不保证、担保或代表资料内容一定会让你觉得有趣。创意是一种通过创新思维意识，进一步挖掘和激活资源组合方式进而提升资源价值的方法。创造性过程可能涉及发现和发明，只要一件事情用新的方法去完成或去思索，就称之为创造性过程。唯有创造才是快乐。只有创造的生灵才是生灵。创意工作者可至国内图书市场或境外图书资料中心购买相关内容加以阅读。创意，只要你去找，答案就在你的生活里。

本书的拥有者是

_____

留下你的艺术签名

_____

请用彩色笔写出你的外号
（每一笔画换一种颜色）

_____

请用英文写出你的年龄

_____

请用左手写下你的破壳日

_____

请用娃娃体写下你对此书的评价

_____

请用小刀刻写出你最喜欢的东西

_____

你居住的地方在

_____

你的联系方式是

_____

* 若是有缘人拾到了这本书，诚邀参与书中的活动游戏，
任意翻开某一页遵照该页要求完成，而后将此书归还。

预备起

1. 不管翻到书中哪一页，都要按照指示完成。

2. 一定要和 TA 一起。

3. 每次玩完后，记得细心保存。

4. 发挥你的想象力和创作力。

5. 不要担心书会被你弄脏、弄破，大胆去做！

准备好了吗？以下将会是你可能需要用到的材料：

爱	想象力
女朋友（男朋友）	鞋子
点子	脚丫子
情绪	手
时间	戒指
创意	牙签
剪刀	胶水
照片	爱豆
指纹	愿望
口红	清单
嘴巴	智慧
歌词	阅读量
脑洞	捡到的任何东西
落叶	车票或机票
铅笔	身体的任意部位
画笔	对 TA 的绝对忠诚
颜料	花生米

贴一张你们的大头照片，
手工P图。

收集99个朋友祝福的指纹,不祝福?绝对是嫉妒!

请在这一页画出TA睡觉时的样子，

然后尽情地用笔
蹂躏
戳戳肉
戳戳脸

分别在两页印上你们的

唇印,让对方叠加上去。

真心话游戏，写上你怀疑的事，
让TA选择

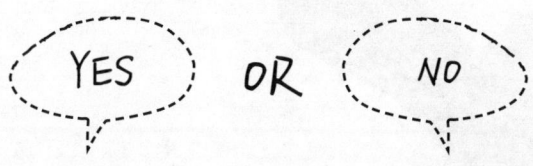

然后打架还是不打架，看你们心情

写上你喜欢的动物，让TA来演，如果她让你演泰迪，那么你必须猜中她到底要你演什么时候的泰迪。

- -

- -

写下最想做的事,
节日或生日的时候剪下来,
要求对方配合。

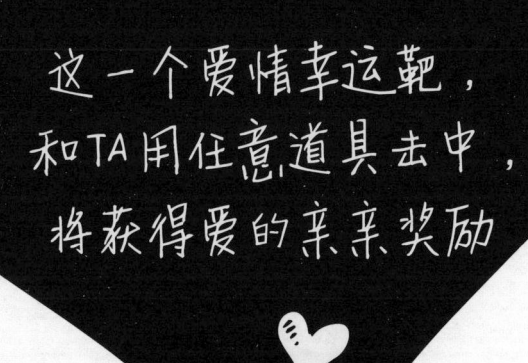

和TA一起涂个五颜六色的爱心

写下对TA的第一印象，
再写上现在的对比，
你会发现，你们可以做点有意思的事，
比如打架，又比如，爱的亲亲。

PAPAPA

画出TA的样子，评分，不及格的受惩罚

请在这一页上写上你藏私房钱的大致方位，
如果你们都找到了对方的私房钱，那么打架吧！
这节奏我都看不下去了，
你们还要继续忍？

狂风骤雨般发挥你的想象力,

这一页，你胸大，你做主。

（如果男生胸比女生的大，当我没说）

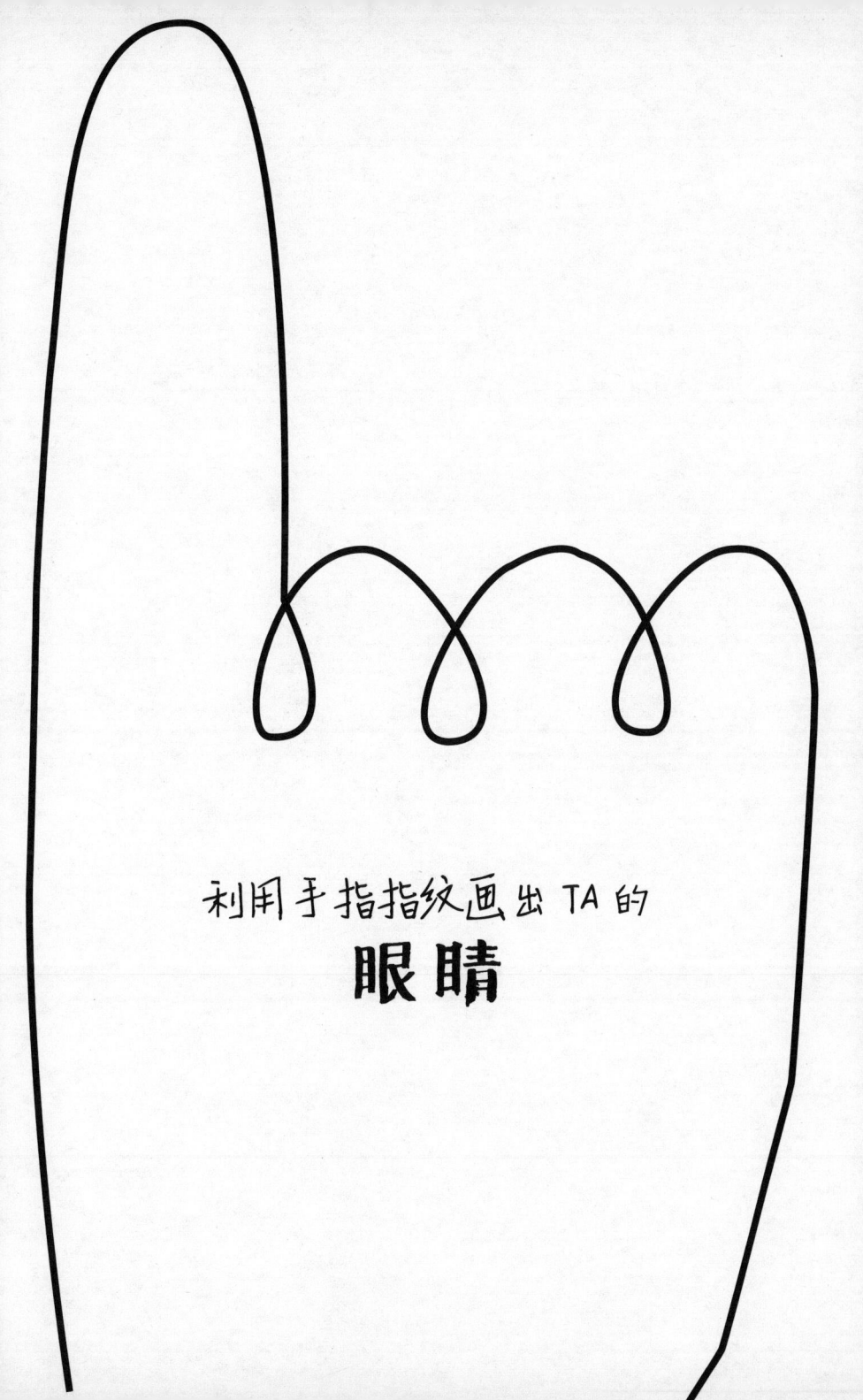

这是你的存款页,
没钱的时候剪下这一页的510,
向TA索要爱的存款

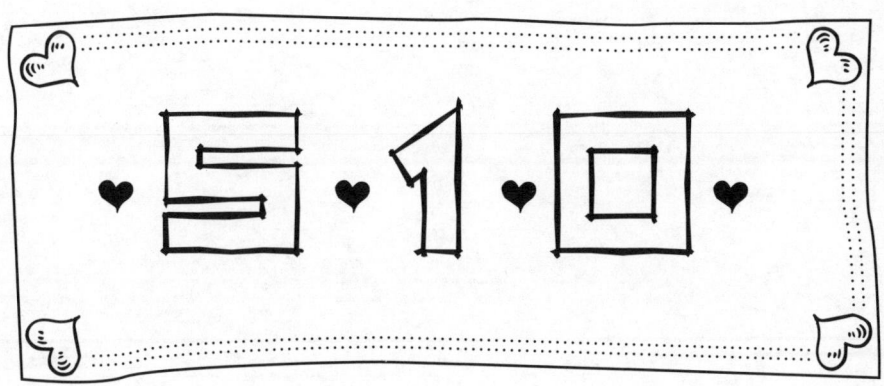

在这一页上和他用花生米打高尔夫吧，
比比看谁先吹到洞里

起点➡

给你最爱的人取一个外号，然后郑重的告诉TA，并在此处写下TA的外号由来

老司机这个称号我会随便发？什么，你竟敢说我是宇航员？！

生气了,不要离家出走,不要轻易分手,

把这本书狠狠的砸在TA的脸上,对,我们不BB,我们只家暴

请在这一页写上情诗（**原创**），在午后的阳光下，沙发上，读给TA听。

将这张纸折成飞机,写上心愿,送给TA。

把图形剪下来，贴在**眼睛**上，
自拍9张发朋友圈，@TA来夸自己
（不夸？打死！）

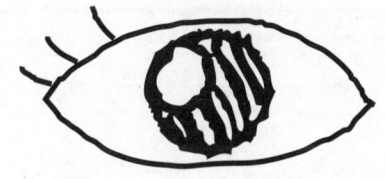 

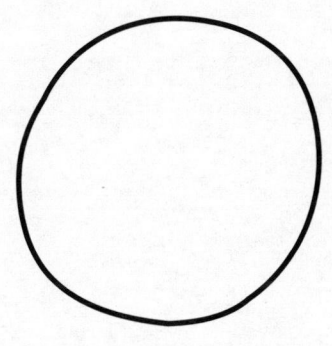

写下TA前任的名字，
然后让TA亲手涂黑

将下面的"洗碗""拖地""亲亲"等字条剪下来，抽签决定命运

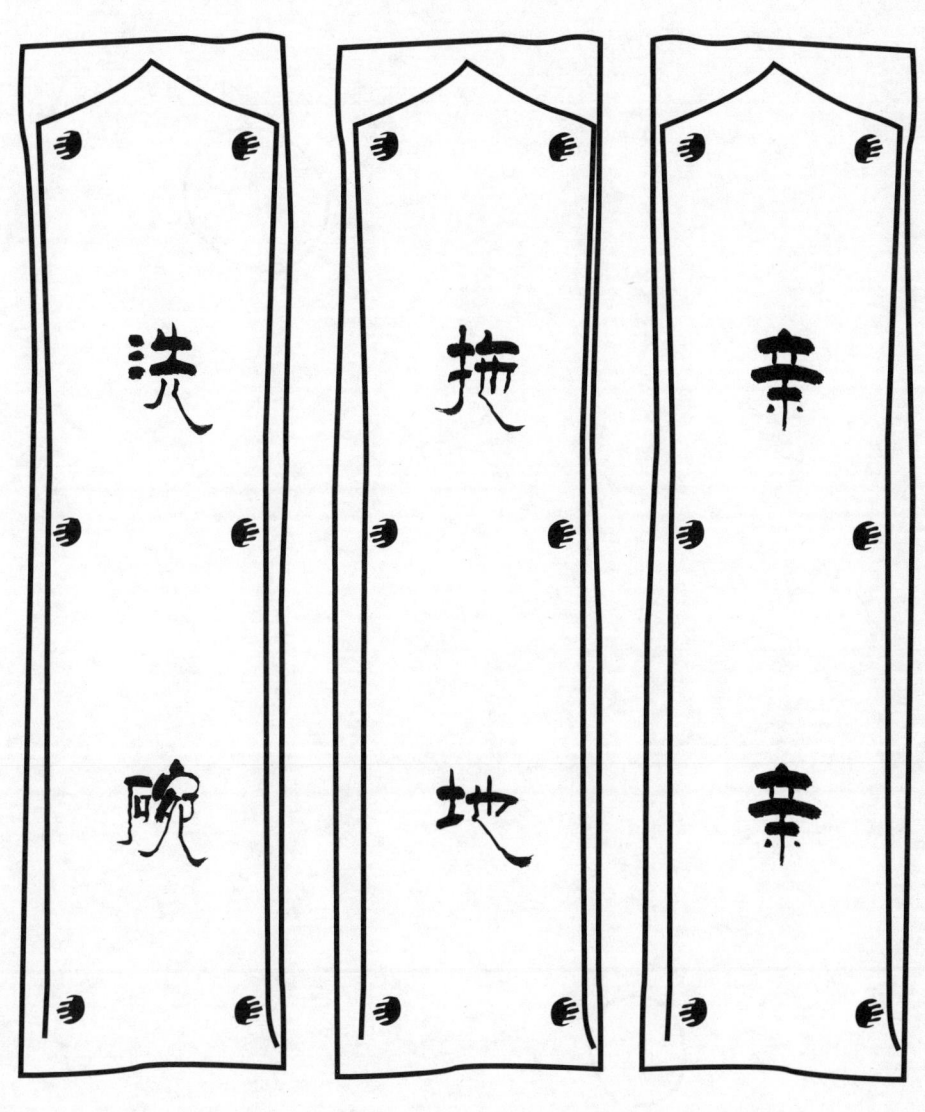

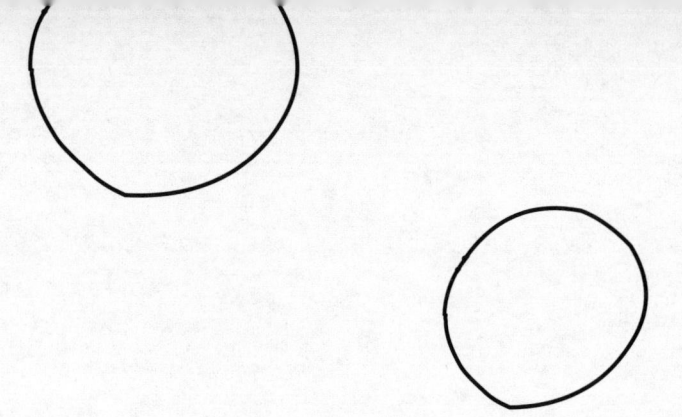
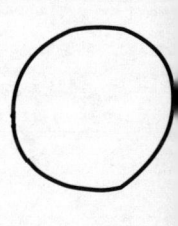

和TA一起用圆圈画满这页纸。

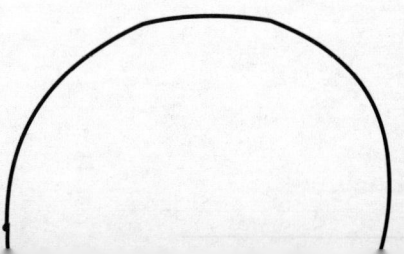

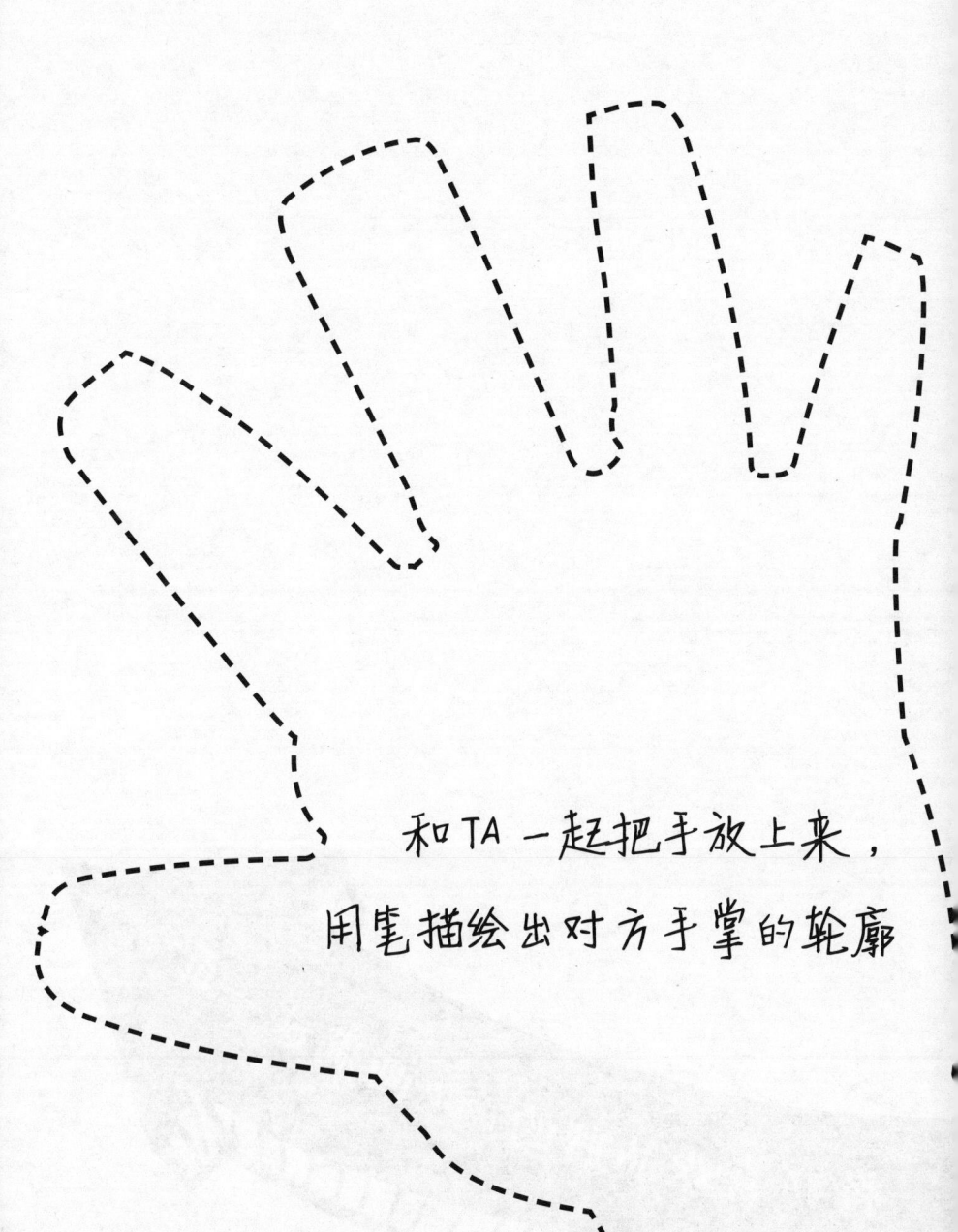

在这一页写
下愛TA的
最初理由

(你要写钱我也没意见)

把纸塞进嘴里，嚼，

然后咽下去。

（咽不下去？那是正常的！今天是愚人节呀！）

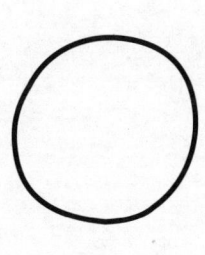

左手画圆,右手画方。画满整个页面。

剪切出自己男神（女神）的
杂志或者照片贴在此处

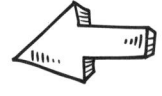

两人分别写下今年的愿望清单,

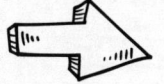

在这一页上尽情描绘出幸福的每一个时刻。

爱死这本书

玩坏这本书 ·2·

你想对一本书做些什么？

the Plays of a Book

创作手册

你平时如何发泄压力?
你平时如何收集创意?
你平时如何打发无聊的独处时光?
你有没有过被条条框框、被规矩限制的恐惧?
你有没有想要去破坏、去重新创造你眼中的世界?
你有没有想过有一天自己会变成创作大师?

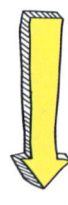

自古深情留不住,
总是套路得人心。
不管有事没有事,
先来搞坏这本书!

【范例一】画出TA的样子,评分,不及格的受惩罚。

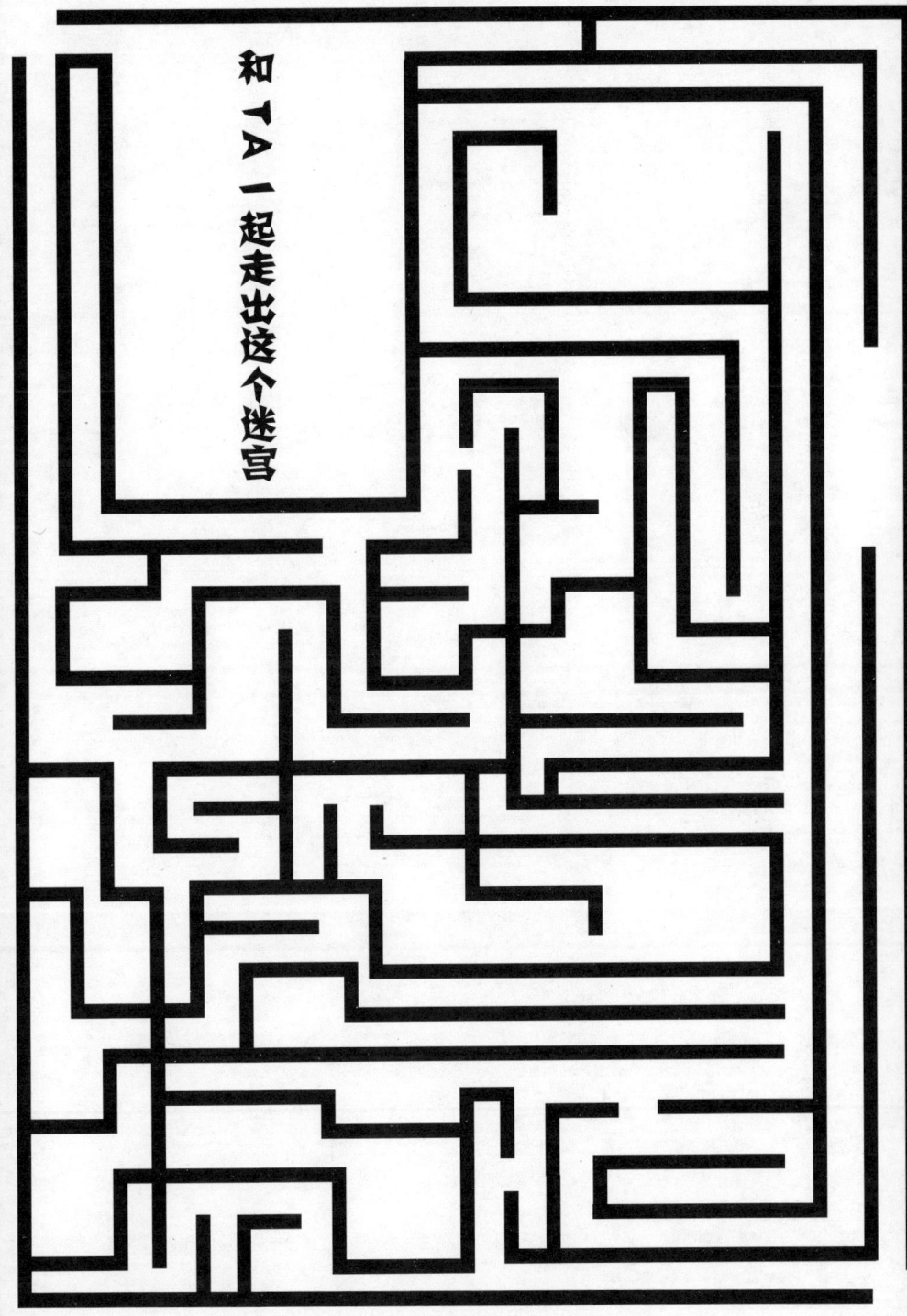

手写下 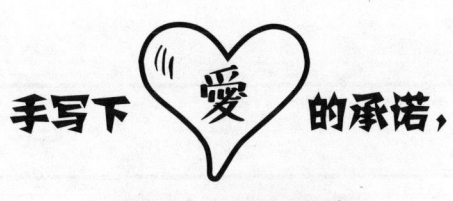 爱 的承诺,

两人一起签名

〈比如我愿意每天给TA一个吻,做不到?那打死〉

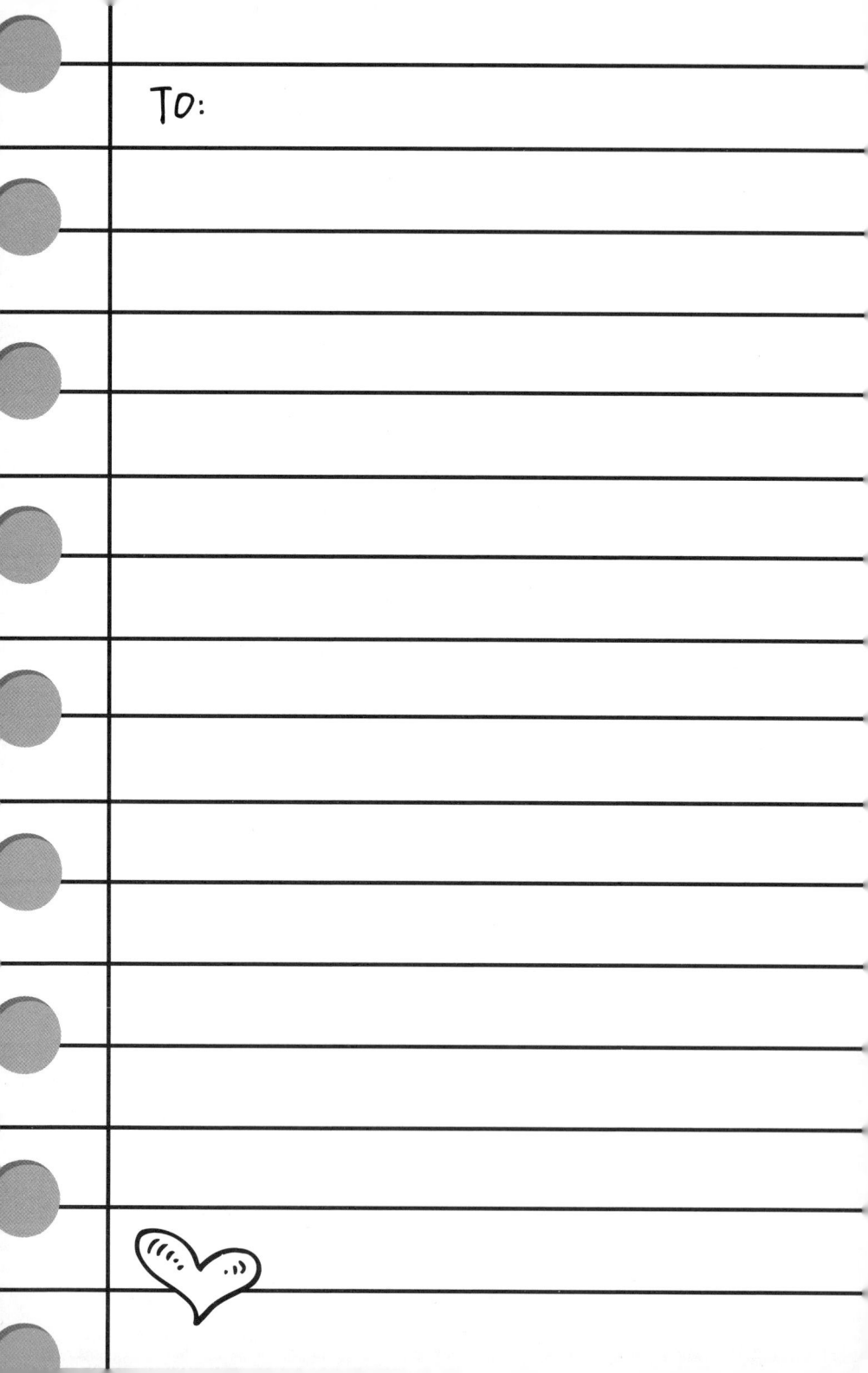

诚恳地给你的爱豆写一封表白信，让TA假装爱豆在另一页回复。

和TA一起画一条不中断的线,越长越好。
(手酸?那就换TA来)

和TA一起
给未来的女儿/儿子取名,
写满一整页。

和 TA 一起动手做树叶标本。

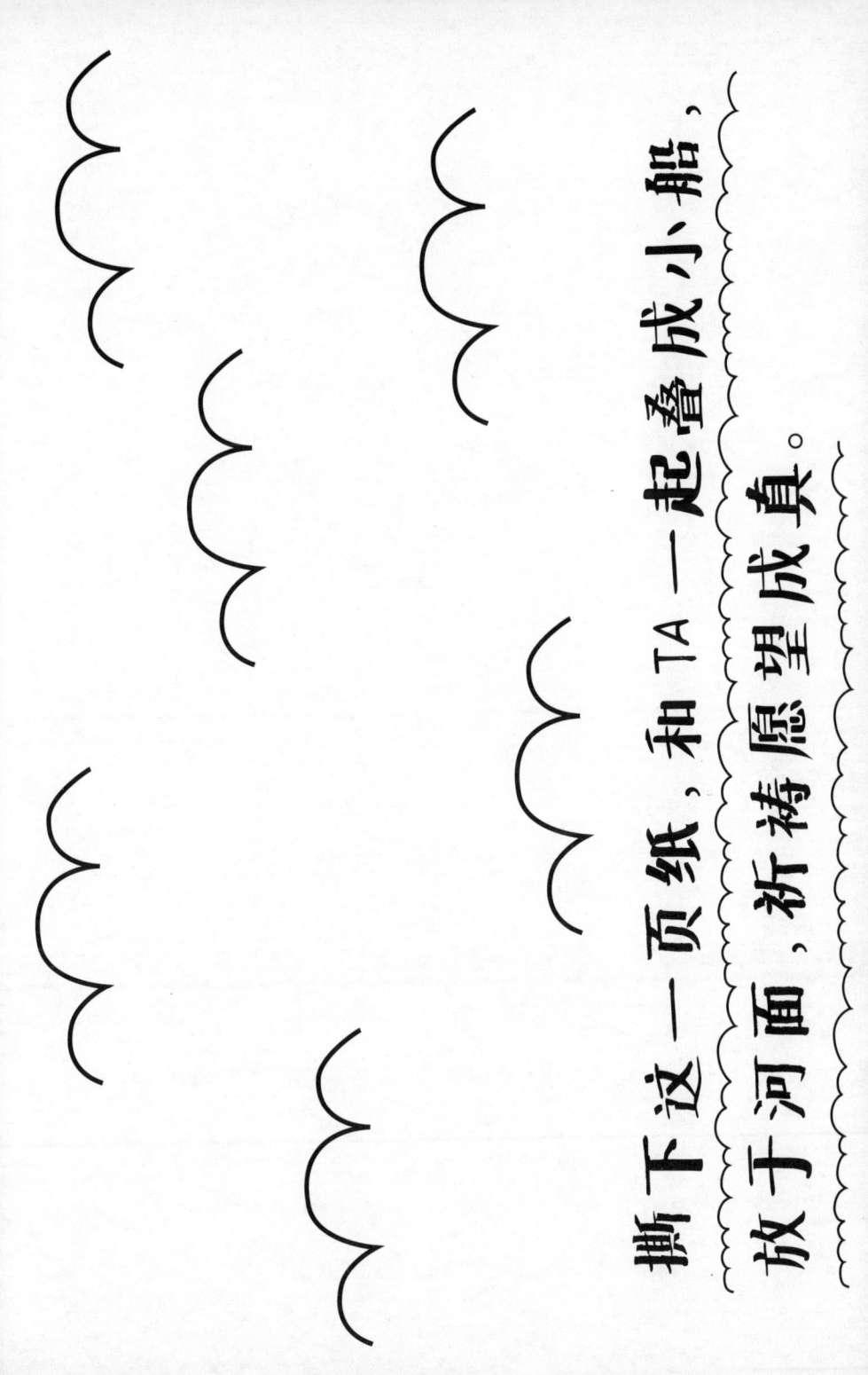

撕下这一页纸，和TA一起叠成小船，放于河面，祈祷愿望成真。

把没一页纸终剪下来，为TA做一个简易的戒指。

石头剪刀布，谁输了就在这一页纸上写一百个

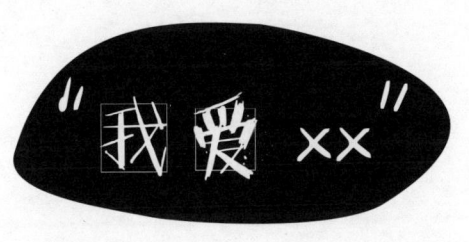
"我爱××"

在这里画上未来期望住进的房子。

将这一页撕下来卷成一个筒状,唱歌给TA听。

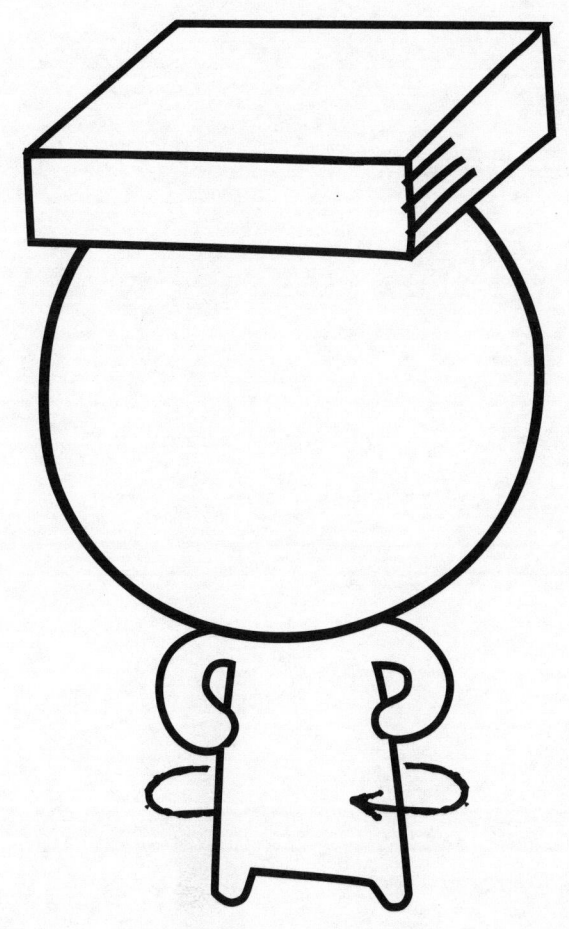

把这本书顶在头上（不许用手扶），转三圈。

在这一页写上对
"手指姑娘"
满满的爱和敬意，
感谢她的陪伴．

给自己写一封信。

请写下你们所有朋友的名字，然后看看对方的异性朋友多还是自己的多。

撕下这一页和TA一起做剪纸

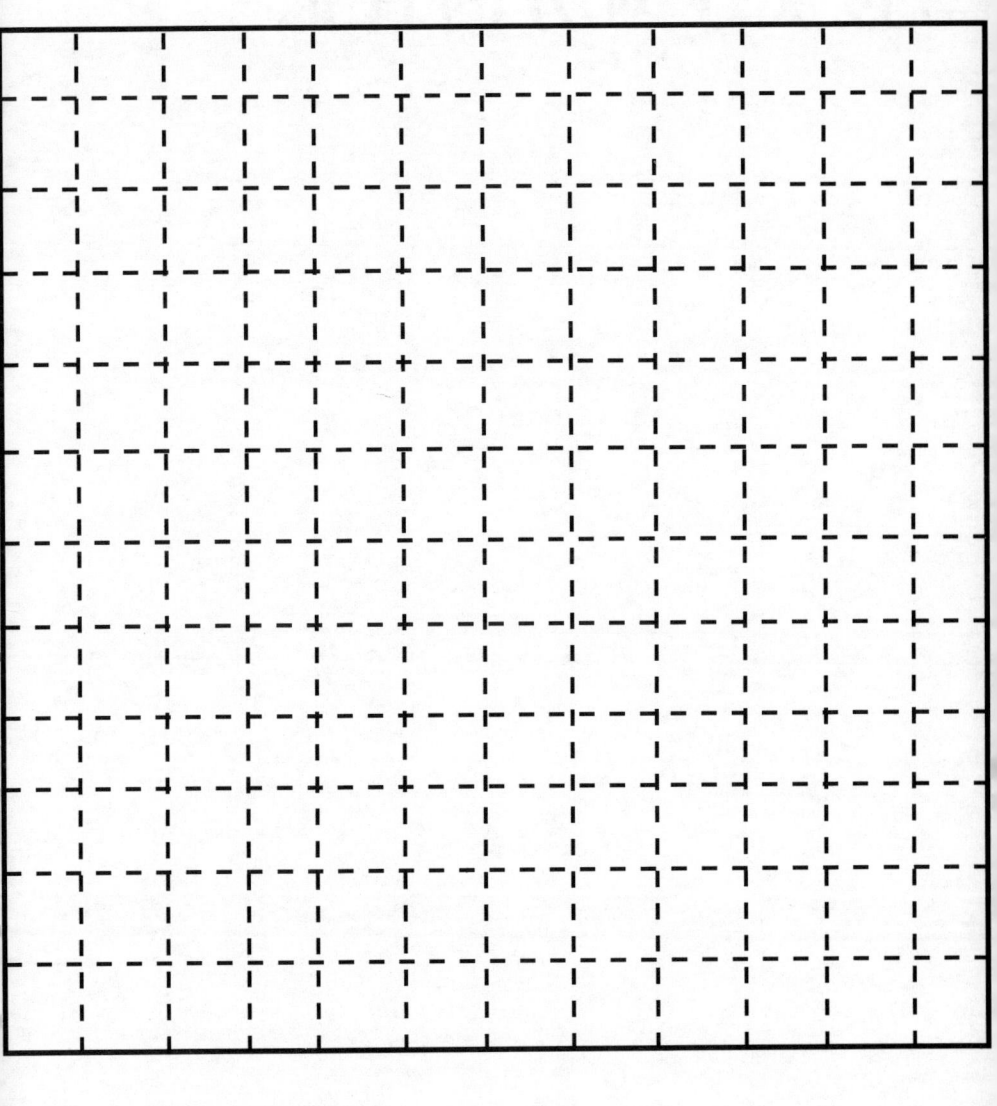

用任意道具，
在这个"棋盘"上，和TA下五子棋。

把自己曾经
写过关于对方的日记

摘抄一遍

男朋友负责画小BABY的样子,女朋友负责给BABY画上衣服。

把你们曾经往来的车票贴在这里，这是爱的见证。

把自己所有的外号写在这里，
一起笑话对方。

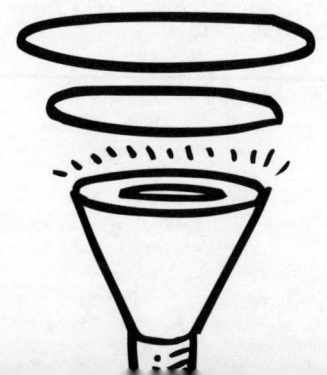

在这一页把玩过的游戏名字和角色名字写下，
贴上截图。

写下对TA的怨念，全部涂黑，一笔带过。

和TA一起画上太阳月亮星星

和TA一起在这一页摘抄喜欢的情诗。

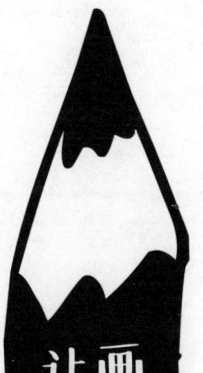

画一朵你想象中的花,让他来涂颜色。

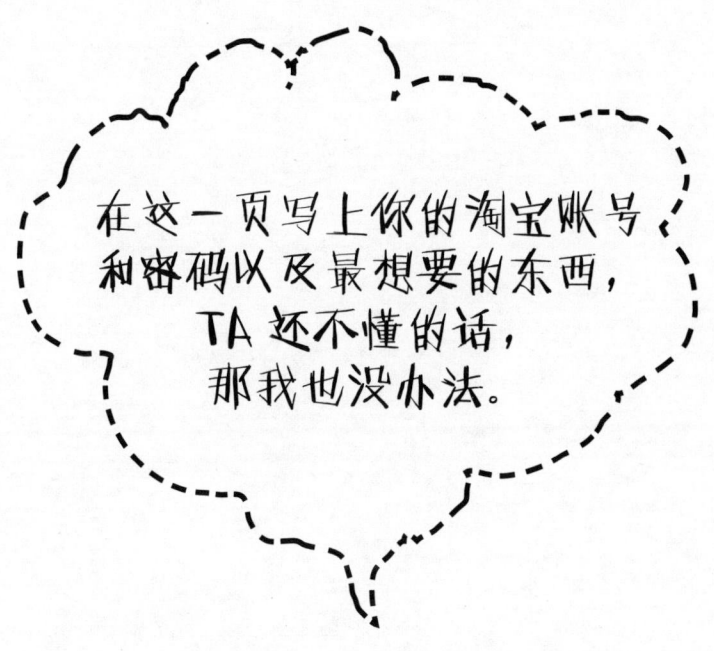

和TA一起带着这本书去旅行,将路过的店铺印章盖上去

在这一问题上对方的缺点，一年之后，别着对方已经改正的

写上和他一起想要努力得到的东西，贴上工资单，开启存钱计划。

写下最想去旅游的国家,和TA一起制定旅游计划

和TA
在这一页上
玩成语接龙，
不许百度

在这一页上写表白的话，
撕下来泡在水里。

再放在太阳底下晒干，黏回来

摘抄几个
压箱底的笑话，
然后给TA看

给对方**化妆**，**拍照**，贴在这一页

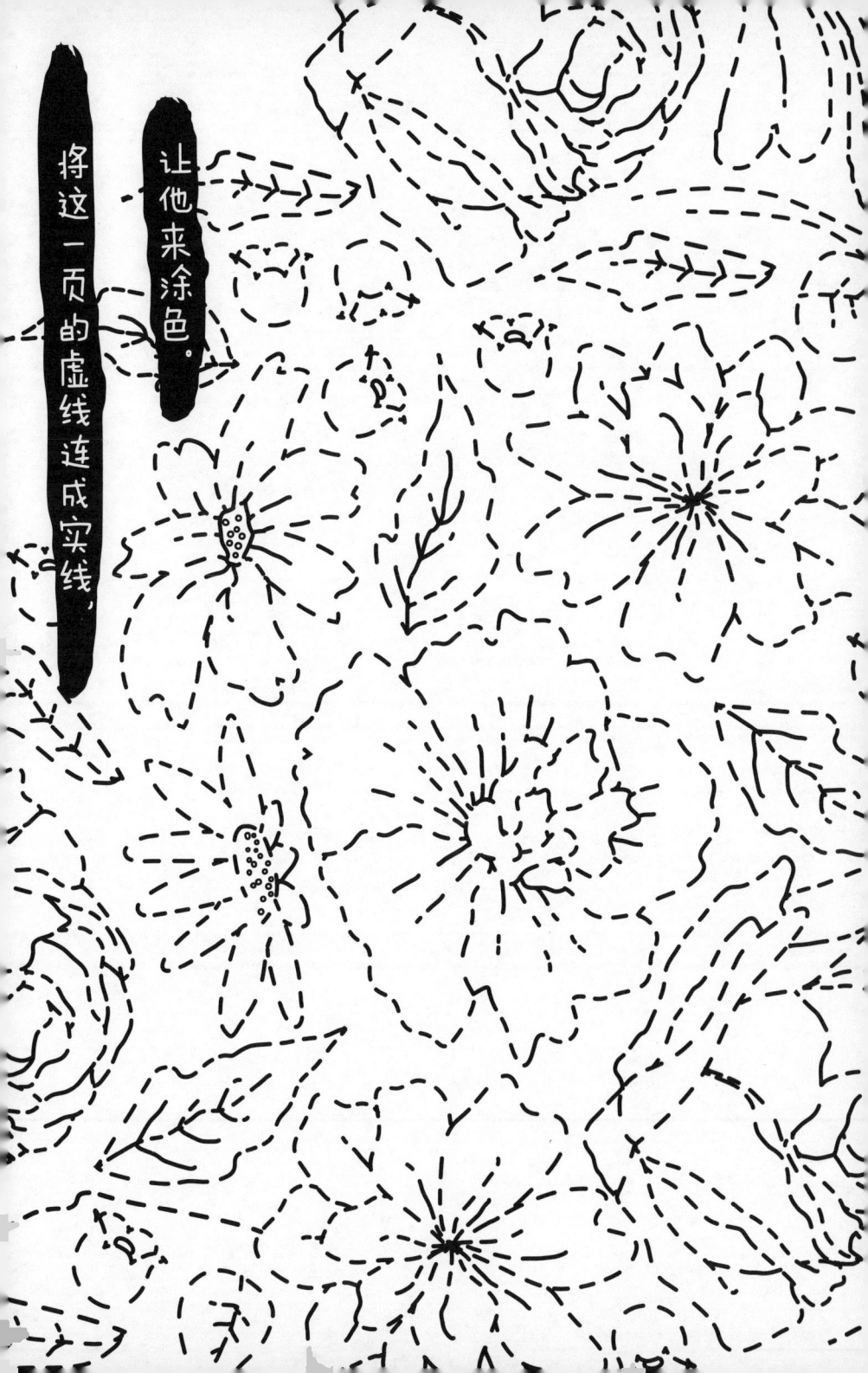

拿着书坐在他的背上,看他能做几个俯卧撑,然后记录下来

根据这一页纸巾玫瑰的教程，为TA折玫瑰。

1. 纸巾都是方形的，先把纸巾的一个边往上面折起大概两厘米左右

2. 把折好的边转向左边，把与折好的边垂直的那个边再往上面折起两厘米左右

3. 把第二次的边折好后压平，然后再往上面折起用手指捏住，这次折起的部分要左边多一些，右边少一些

4. 把剩余的纸巾部分围着手指绕圈，把手指裹住，然后用手指捏住

5. 把裹住手指的纸巾中间的部分从四周往中间捏紧

6. 中间的部分捏紧以后，把右边的一半沿着中间的位置向顺时针的方向旋转

7. 把旋转后的纸巾右边接缝处翻起来，弄成叶子的形状，这就是玫瑰的叶子

8. 玫瑰的叶子做好以后把剩下的部分向顺时针方向旋转，这就是玫瑰的茎

9. 玫瑰的叶子和茎都折好了，再把左边的部分的边往外边折，整理好，这就是玫瑰花的花骨朵了，这样纸巾玫瑰就折好了

在外假装一次陌生人,
和他交谈相处,回来写上感受。

和 T A 在 这 一 页

画上喜欢的姿势。

尝试着
写一个小故事，
睡前读给TA听。

和TA一起看自己爱豆的演唱会，让TA回来写下感言

（注："爱豆"，英文"idol"音译，偶像。）

写下最近想吃的东西，给TA看

我想吃炸鸡！

拿着书和TA一起自拍，发朋友圈，截图贴上来见证。

单身券

剪下这一页的单身券，
过一天单身生活，
让对方写下没有你的感受。

两个人续写一个故事,一人一句,故事接龙

(主题:恐怖)

用不同颜色的口红，写下**表白信**。

一起画一只喜欢的猫。

随便写点什么,让TA临摹一遍,笔迹融合。

按照这一页的食谱，做一道美食给TA。

1. 西红柿洗净切块

2. 鸡蛋打散

3. 锅内倒入大豆油

4. 小火煎蛋

5. 倒入西红柿

6. 翻炒

7. 最后放适量的盐即可

一起用黏土在这一页上黏个对方的样子出来。

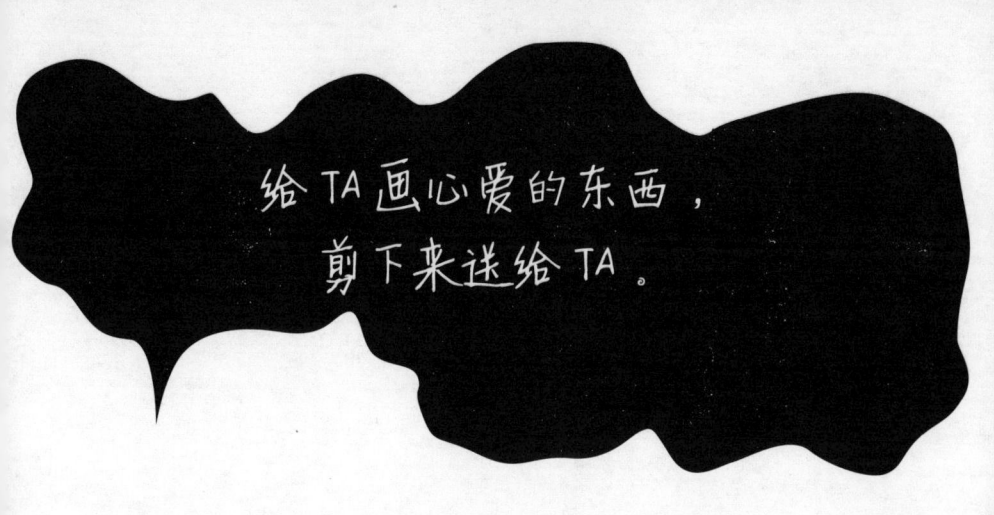

给TA画心爱的东西，剪下来送给TA。

他负责画一个"女神脸"，
你负责给这个"女神脸"化妆。

（琅琊榜的梅长苏为什么要死，他应该快快乐乐地和靖王在一起。）

一起写下电视剧不能接受的结局以及自己修改版的结局。

《致橡树》

我如果爱你——
绝不像攀援的凌霄花,
借你的高枝炫耀自己;
我如果爱你——
绝不学痴情的鸟儿,
为绿荫重复单调的歌曲;
也不止像泉源,
常年送来清凉的慰藉;
也不止像险峰,增加你的高度,衬托你的威仪。
甚至日光。
甚至春雨。
不,这些都还不够!
我必须是你近旁的一株木棉,
做为树的形象和你站在一起。
根,紧握在地下,
叶,相触在云里。
每一阵风过,
我们都互相致意,
但没有人
听懂我们的言语。

你有拟的铜枝铁干,
像刀,像剑,
也像戟,
我有我的红硕花朵,
像沉重的叹息,
又像英勇的火炬,
我们分担寒潮、风雷、霹雳,
我们共享雾霭流岚、虹霓,
仿佛勇远分离,
却又终身相依,
这才是伟大的爱情,
坚贞就在这里:
不仅爱你伟岸的身躯,
也爱你坚持的位置,脚下的土地。

和TA一起圈出这一页的**错别字**,
你们会有额外惊喜。

吐槽最近的烦心事，
然后撕下来丢进垃圾桶。

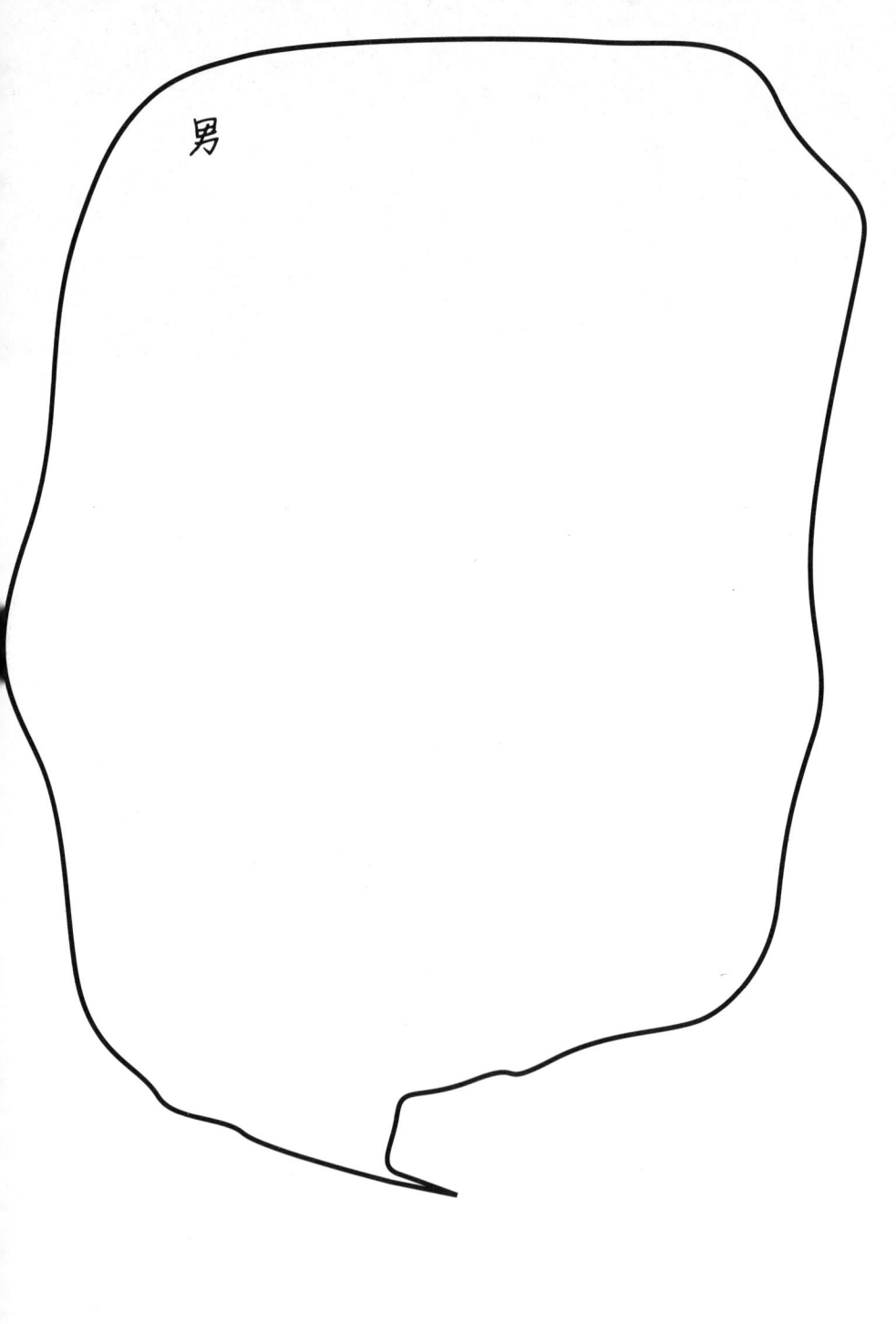

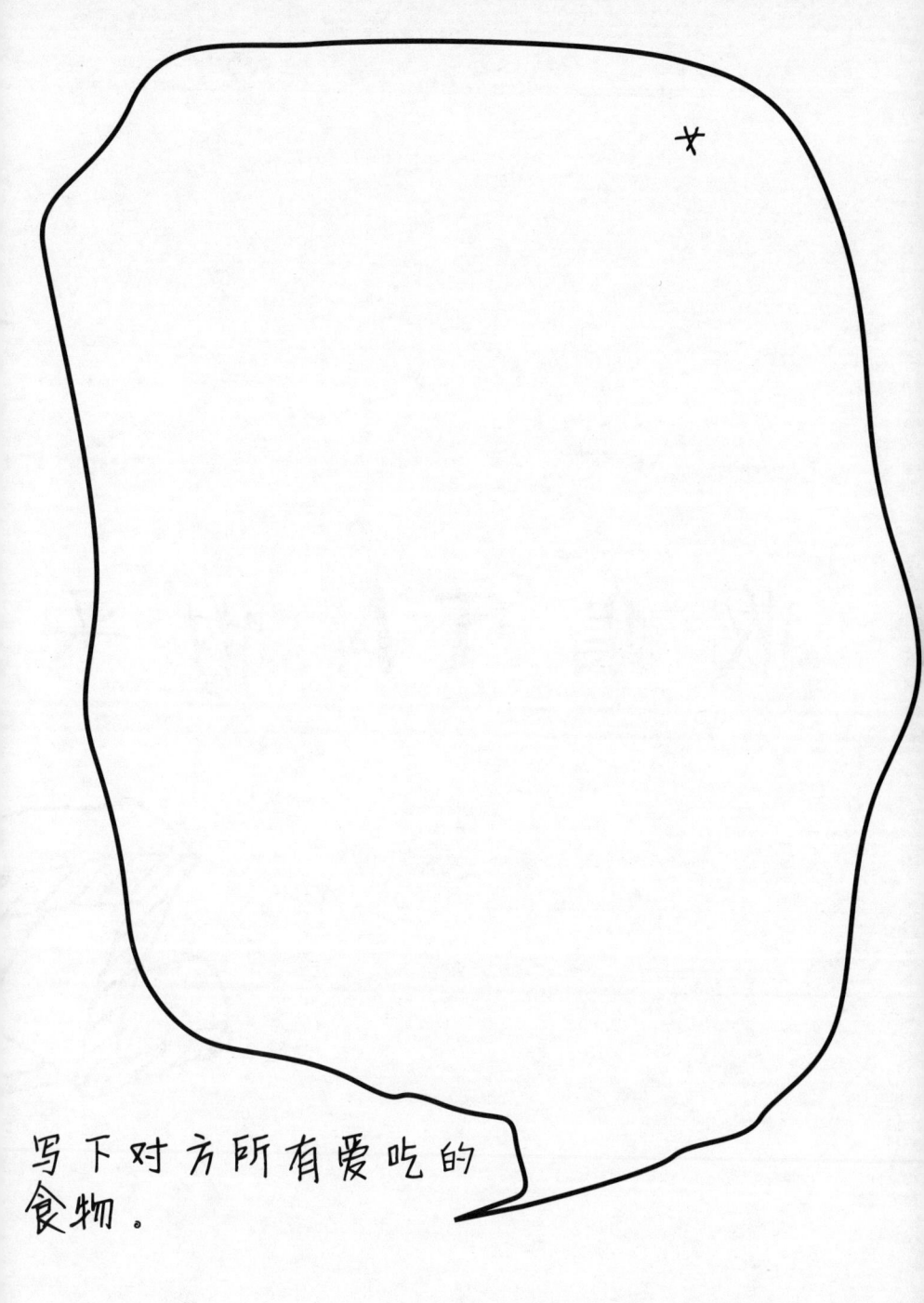

写下对方所有爱吃的食物。

收集TA的头

发帖在这一页。

和TA一起写下电影中让你印象深刻的经典台词。比如《大话西游》。

写出对方所有的优点

写下你们想要结婚的年龄。

写出自己所有爱豆的名字,

最想睡的那一个用加粗描绘出来。

把这一页上的扑克牌剪下来,和TA一起玩小鱼吃大鱼的游戏。

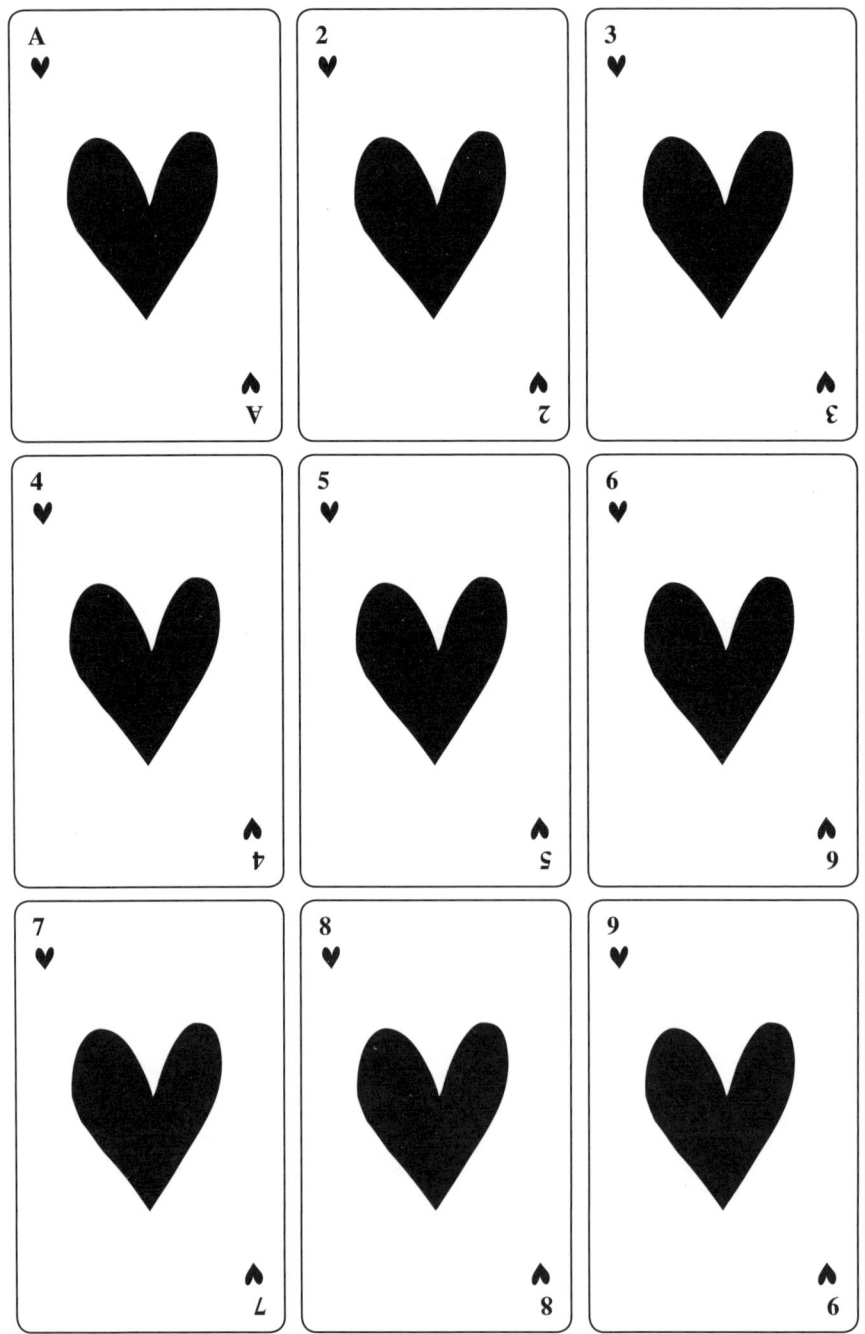

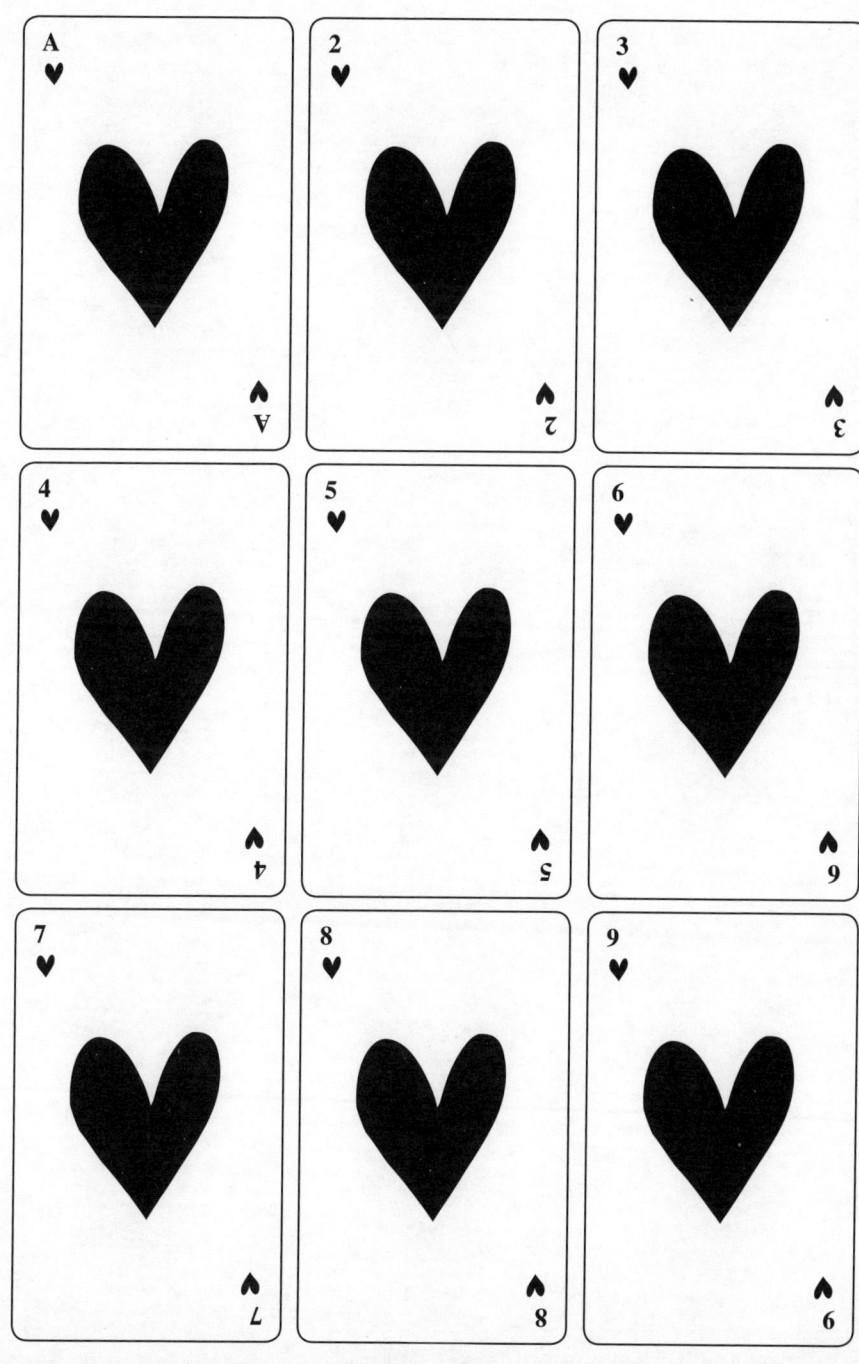

用脚踩
画上对方的脚丫子

把所有家人的出生日都记录下来，
并且设置成手机定时提醒，
当天送去祝福。

画上讨厌吃的水果，然后将它们涂成别的样子。

制作一张日常家庭卫生清单,和TA一起完成。

两个人带着这本书一起去公园踩自行车,

并且随手收集任何东西作为标本,夹在这一页。

歌词

接龙

两人分别用各自的

方 言 写 下 表 白 的 话。

用鞋踩在这一页上，

留下两人的鞋印。

和这拼字句签在上个一牙水页一者用胶一出或话。

写下今天的烦恼，
然后把这一页拿给TA看。

最近看过最**烂**的电影吐槽页。

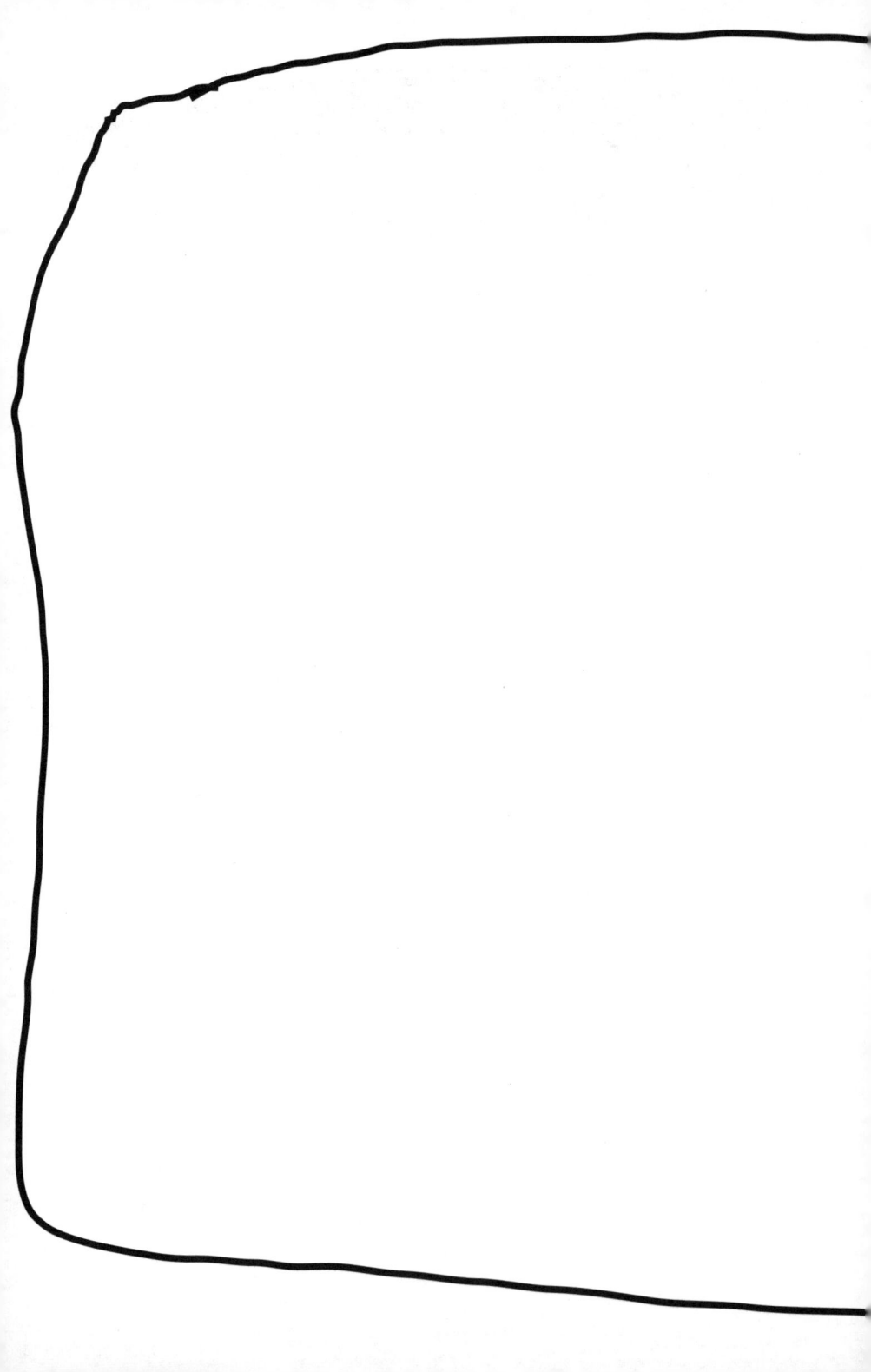

画出最喜欢的车。

写下最近做错想要道歉的事,撕下偷偷塞进TA的包包里。

画　　出　　五　　颜　　六

色　的　蘑　菇　。

写一个搞笑的段子。

微博或者微信朋友圈秀

恩爱的截图贴满这一页。

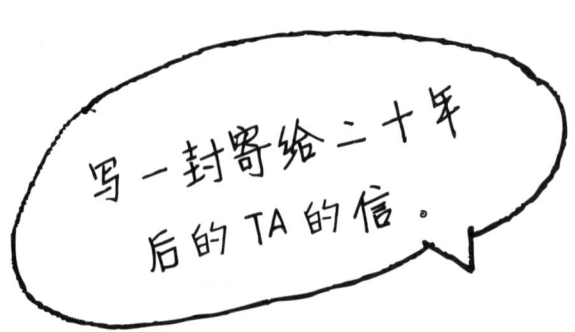

郑重写下你们的名字，
并承诺永远在一起。

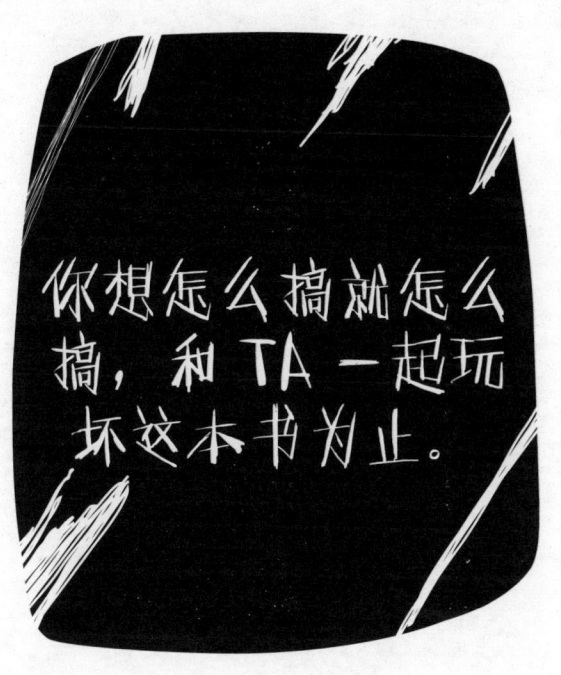
你想怎么搞就怎么搞，和TA一起玩坏这本书为止。

Ai Si Zhe Ben Shu
爱死这本书

总策划
朱家君

选题策划
熊 嵩

执行策划
杨涵玉

特约编辑
尹 旋

封面设计
张 钰

宣传营销
郭海洋

运营发行
常蓦尘

出版社
长江出版社

总出品
漫娱文化

平台支持
好漫画GOOD 小说馆

图书在版编目（CIP）数据

爱死这本书 / 漫娱著.
—武汉：长江出版社，2016.10
ISBN 978-7-5492-4628-1

Ⅰ.①爱… Ⅱ.①漫… Ⅲ.①爱情－通俗读物 Ⅳ.① C913.1－49

中国版本图书馆 CIP 数据核字（2016）第 245153 号

爱死这本书 / 漫娱编著

出　　版	长江出版社
	（武汉市解放大道 1863 号　邮政编码：430010）
出　　品	漫娱文化
	（湖北省武汉市积玉桥万达写字楼 11 号楼 19 层　邮政编码：430060）
出 版 人	赵　冕
选题策划	长江出版社青春动漫编辑室
市场发行	长江出版社发行部
网　　址	http://www.cjpress.com.cn
责任编辑	钟一丹
装帧设计	张　钰
印　　刷	深圳市福圣印刷有限公司
版　　次	2016 年 10 月第 1 版
印　　次	2018 年 3 月第 3 次印刷
开　　本	880mm×1255mm　1/32
印　　张	8
书　　号	ISBN 978-7-5492-4628-1
定　　价	28.00 元

版权所有，翻版必究。如有质量问题，请联系本社退换。
电话：027-82926557（总编室）　027-82926806（市场营销部）